DÉPÔT LÉGAL

JACQUES-JOACHIM DE NOEL DE CHEVIGNY.

Ln 27 31599

NOTICE

SUR

NOEL DE CHEVIGNY

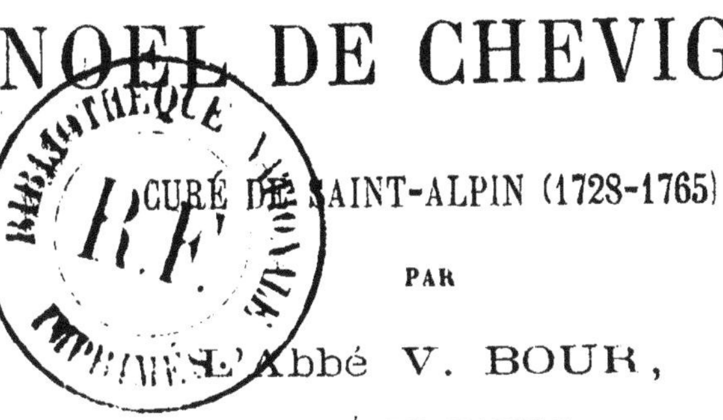

CURÉ DE SAINT-ALPIN (1728-1765)

PAR

L'Abbé V. BOUR,

CURÉ DE MARSON.

CHALONS-SUR-MARNE

IMPRIMERIE T. MARTIN, PLACE DU MARCHÉ-AU-BLÉ, 50.

—

1879.

NOTICE

SUR

NOEL DE CHEVIGNY

CURÉ DE SAINT-ALPIN (1728-1765)

PAR

M. L'ABBÉ V. BOUR.

Nous entreprenons d'esquisser à longs traits la vie d'un homme qui, à l'égal des Lambert, des Ladrague et des Hurault, pour ne parler que des morts, a dû vivre longtemps dans le souvenir de ceux qui l'ont connu, à cause de ses vertus, de son zèle infatigable et de son amour pour sa paroisse. C'est un homme qui avait su communiquer à ses paroissiens ce que l'on trouve si peu de nos jours, l'attachement à leur église, attachement qui méritait aux habitants de la paroisse de Saint-Alpin le titre glorieux de *pionniers du culte.* Et, comme nous allons bientôt le voir, ce bon prêtre, dévoré de la passion du bien, fut certainement l'un de ceux qui contribuèrent le plus, et de leur argent et de leur peine, à la décoration de ce monument qui nous est si cher pour avoir abrité nos premiers pas dans la carrière sacerdotale.

I

SON ENFANCE.

Jacques-Joachim de Noël de Chevigny naquit le 2 décembre 1696 à Chevigny, et fut baptisé le 4 du même mois. Né de parents peu fortunés, mais foncièrement religieux, sa vie, pendant quelques années, s'est écoulée doucement sous la direction de sa mère, sous la protection de son père. Et, malgré ses titres de noblesse, son enfance fut celle de presque tous les enfants de nos campagnes. Du reste, il s'est chargé lui-même de nous laisser en quelques lignes le récit naïf des différentes péripéties de son enfance. « A l'âge de six ans, » écrit-il, je suis tombé dans notre rivière. » Je n'étais accompagné que de mon frère, plus » jeune que moi. L'eau m'emmenait. Vous me » sauvâtes, Seigneur, en me présentant une » branche de saule penchée sur l'eau. Je suis » tombé en bas des arbres. On m'a cru rompu » pour avoir sauté en bas d'un grenier à foin sur » du fumier. A plusieurs reprises, en voulant » sauter un ruisseau, je suis tombé dedans. Un » taureau ayant couru sur moi ne me frappa » qu'entre ses cornes et me renversa sans me » faire de mal. En toutes ces circonstances, ô mon » Dieu ! je vous ai trouvé mon protecteur.

» J'étais d'un tempérament délicat, et j'ai fait » de fréquentes maladies. J'ai eu la fièvre quarte » pendant deux ans ; cette infirmité me rendit très » sensible au froid, en sorte que je quittais peu le » foyer, et, un jour, je m'étais brûlé les jambes » sur tout le devant. On croyait que j'en serais » estropié ; mais, par la grâce de Dieu, j'ai été » délivré de tous maux corporels, et, depuis ce » temps, je n'ai point fait de maladies considé- » rables. »

Il n'avait encore que huit ans lorsqu'il eut le

malheur de perdre sa mère. Aussi, dès qu'il put rendre service à la maison, il fut, comme il l'écrit lui-même, « préposé à la garde des dindons, des » vaches et des brebis. J'ai labouré, ajoute-t-il, » hersé, coupé le bois, porté du fumier aux » provins des vignes. » Toutes ces occupations absorbaient tellement ses journées, que c'est à peine s'il savait lire et écrire à l'âge de 16 ans.

II

SON ENTRÉE AU SÉMINAIRE.

Ce fut en 1712 que Dieu fit connaître ses desseins sur son serviteur, en envoyant un concours de circonstances qui décidèrent son entrée au séminaire. Le supérieur de cet établissement, M. Bosquet, d'heureuse mémoire, accompagné de M. Quinet, alors curé de la paroisse où se trouvait le jeune Joachim, était venu chez les parents de ce dernier pour faire la provision de fruits nécessaires à la consommation du séminaire. L'affaire des fruits étant réglée, on parla des affaires domestiques et des enfants. Joachim avait deux frères et une sœur. Cédons-lui la parole pour nous redire cette entrevue :

« M. Bosquet veut savoir à quoi on me destine.

» Je devais aller à la guerre. On me fait venir. » Le supérieur me caresse, me propose d'ap- » prendre le latin et de me faire ecclésiastique. » J'y consens. On objecte l'impossibilité de se » charger de la dépense. Nous étions de pauvres » gentilhommes.

» La dépense ne sera pas grande, répond le » supérieur ; M. le Curé lui apprendra les premiers » principes, la Providence fera le reste.

» Mon père consent à tout. On m'envoie avec » le domestique conduire les fruits à Châlons. » Le supérieur me comble d'amitiés, me donne » une *Imitation* et un *Rudiment*. Je vais chez » M. le Curé ; il m'encourage. On dit que j'ap- » prends aisément. Je griffonne. Je répète des » leçons que je n'entends pas. Je fais des thèmes, » et j'entre en quatrième en 1714, à la Tous- » saint. »

L'année précédente avait été marquée pour Joachim par une perte cruelle, et qui fut sur le point d'anéantir ses projets d'étude. Son père était mort en 1713, laissant des dettes nombreuses pour l'époque, et un chaos d'affaires qui devaient réduire les enfants à la misère. Leur sœur, qui était l'aînée, est créée tutrice. Chacun s'empresse de lui être utile. Elle, de son côté, se donne des peines infinies, et tout s'arrange sans rien faire perdre à personne.

C'est dans ces conditions que Joachim était entré au séminaire.

Sans doute, on n'exigeait pas de lui le prix de la pension; mais, au bout de deux ans, les mille soins, les mille dépenses que nécessite la vie de pension furent une charge tellement lourde pour sa sœur, qu'il lui fut impossible de subvenir à ces frais.

C'est alors que la famille Gargam, sur la recommandation de ses supérieurs, dont il faisait la joie par sa piété et par son amour du travail, s'intéresse à lui et le fait entrer en qualité de précepteur auprès des enfants de M. de Breuvery.

L'aménité de son caractère, les belles qualités de son âme lui attirent aussitôt les plus profondes sympathies. Il est regardé comme l'enfant de la maison, et, malgré ses occupations, il peut continuer là ses études.

« Et, ce qu'il y a de plus avantageux, écrit-il » quelque part, c'est que je ne vois rien que » d'édifiant dans ces vertueuses familles et dans » les personnes dont elles me procurent la » connaissance. On me fournit de bons livres et » on m'inspire les vertus ecclésiastiques. »

C'est également pendant ce préceptorat que nous le trouvons l'auditeur assidu de l'abbé Le Lorin, dont les célèbres conférences meublaient son intelligence, en même temps qu'elles agrandissaient l'horizon de ses connaissances scientifiques.

Ce n'est qu'en 1720 que l'abbé de Chevigny entre au grand séminaire. M. de Breuvery, de plus en plus charmé des qualités de son protégé, le signale à son évêque, Mgr de Tavannes, qui lui prodigue ses bontés. Il reçoit successivement les ordres en l'espace de deux années, et il est ordonné prêtre le 19 décembre 1722.

III

SON VICARIAT.

Aussitôt ordonné prêtre, l'abbé de Chevigny est nommé vicaire de Saint-Alpin, où il dit sa première messe le dernier jeudi de l'année. Son rôle, pendant son vicariat, est celui qui, de nos jours encore, est réservé à tous les vicaires : *erat subditus,* il était soumis à son curé.

Cependant son évêque, qui avait remarqué en lui de précieuses qualités, désire lui donner un poste supérieur, et l'engage à prendre ses *degrés*, comme on disait alors, à la Faculté de Reims.

L'abbé Joachim, dont le goût pour l'étude est très prononcé, accepte avec bonheur cette proposition. Mais encore une fois, l'impossibilité dans laquelle il se trouve de pourvoir à la dépense arrête sa bonne volonté. M. Gargam, toujours bienfaisant à son égard, se charge de tous les frais, et bientôt notre jeune vicaire revient avec les *degrés* désirés.

IV

SA PIÉTÉ.

Avant d'aborder le récit des années qui vont suivre, il semble nécessaire de jeter un regard sur les sentiments les plus intimes de cet homme de Dieu. Lui-même, sans qu'il le sache, tant est grande sa modestie, nous fera connaître la vive reconnaissance de son âme envers Dieu, envers les hommes, pour les bienfaits qu'il en reçoit. Il nous fera lire les délicates vertus de son cœur, et alors nous comprendrons comment, avec le modeste revenu de sa cure (1,200 livres environ), ce bon prêtre a pu faire face à des dépenses extraordinaires pour la restauration de son église.

C'est qu'il était aimé de Dieu et des hommes, et Dieu et les hommes venaient à son aide. Ecoutons-le donc manifestant sa gratitude à l'occasion de son élévation au sacerdoce, et admirons le délicieux tableau qu'il fait de la vie du prêtre, tableau qui nous retrace si bien quelle dut être sa vie :

« Je remercie Dieu de la grâce qu'il m'a faite » de m'avoir appelé à l'état ecclésiastique. Pauvre » gentilhomme que j'étais, qu'aurais-je fait dans » le monde? Et ce que j'aurais pu faire même de » conforme à la volonté divine me paraît infini» ment au-dessous des fonctions d'un ecclésias» tique, et surtout d'un pasteur de paroisse, » obligé, par état et par devoir, de penser à Dieu, » de le connaître et d'étudier sa loi ; de se nourrir » de sa parole et de se remettre sous les yeux les » effets de sa puissance, de sa justice et de ses » miséricordes. Quelles heureuses obligations! » Quel honneur de présider à l'Office divin, d'offrir » le Saint-Sacrifice, les vœux et les besoins des » Chrétiens ; de les instruire, de les porter à la » vertu, de les ramener de leurs égarements, de » les secourir dans leurs besoins spirituels et » temporels! Que ces fonctions sont grandes et » consolantes !

» Il faut encore, ô mon Dieu, que le prêtre

» emploie ses moments de loisir à converser avec » les docteurs de votre loi, à s'édifier de la con» duite de vos saints, à réfléchir et à méditer sur » les effets admirables et sans nombre de votre » puissance et de votre providence. En outre de » cela, il est obligé de faire une infinité d'autres » bonnes œuvres. Toutes ces occupations si nobles, » si salutaires et si dignes d'une créature rai» sonnable, mettent un ecclésiastique, à qui vous » inspirez l'amour de ces choses, bien au-dessus » de tout ce qui se fait dans le monde, non pour » s'en prévaloir, mais pour s'en humilier, et pour » rendre grâce à Dieu de sa vocation et s'exciter » à s'en acquitter dignement. Faites, s'il vous » plaît, Seigneur, que les ministres de vos autels » aient toujours pour leurs fonctions l'amour, la » fidélité et le zèle qu'elles méritent, et pardonnez » à votre serviteur les fautes innombrables dont » il s'est rendu coupable à cet égard. »

Cet extrait de ses écrits nous révèle le cœur de l'abbé de Chevigny et nous laisse entrevoir la suavité des relations que le monde devait avoir avec lui. Citons encore un de ses colloques avec Dieu. Nous saisirons mieux encore la profonde piété qui ornait cette âme sacerdotale. Il écrivait en 1759 :

« C'est vous, ô mon Dieu, qui m'avez donné du » goût pour la lecture. Je vous demande pardon » pour l'abus que j'en ai fait. Permettez que je ne » trouve plus de délices que dans celle de vos » divines Ecritures. Quelle source de lumières, de » piété, de sentiments chrétiens et de règles de » conduite ne nous présentez-vous pas dans le » nouveau Bréviaire et dans le Missel, qui » contiennent les formules de nos prières et la » liturgie du Saint-Sacrifice. Faites, s'il vous » plaît, Seigneur, que j'en fasse jusqu'au dernier » soupir la nourriture de mon âme et la règle de » ma conduite.

» Qu'il est consolant et salutaire de trouver » dans vos saints livres et dans vos prières » publiques des termes propres pour vous rendre » nos adorations, nos louanges, nos actions de » grâce ; pour vous demander dans nos besoins » votre assistance, le pardon de nos péchés, et » pour exprimer tous les bons sentiments que » vous inspirez à vos enfants, dans quelque » situation qu'ils se trouvent ! »

Et ailleurs, il écrivait encore ces touchantes lignes :

« Je vous prie, ô mon Dieu, de me faire la » grâce de vous aimer le reste de mes jours.

» Ne me rejetez pas au temps de ma vieillesse ;
» ne m'abandonnez pas à l'extrémité de ma vie,
» *Ne projicias me in tempore senectutis.* Accordez-
» moi de mourir en vous adorant, en vous bénis-
» sant. *In te cantatio mea semper.* Accordez-moi
» aussi de ne pas m'attacher à l'argent et de
» mourir aussi pauvre que j'étais à mon entrée
» dans ce bénéfice. *Domine, non excrucier prop-*
» *ter aurum et argentum.* »

V

SON PASTORAT.

C'est animé de ces sentiments admirables que l'abbé de Chevigny prend possession de la cure de Saint-Alpin. Le curé sous la houlette duquel il venait de passer cinq années, M. Pierre de Kérancoz, était mort vers le commencement de l'année 1728. Le vicaire est nommé curé le 18 février. Mais ce n'est que le jour de Pâques de la même année qu'il est installé. Son évêque, voulant lui donner une preuve spéciale de son estime, vient gracieusement lui-même le mettre en possession de son église.

Le prélat chante la messe en l'église St-Alpin, et le nouveau curé lui sert de prêtre assistant.

« M. de Chevigny, dit la chronique du temps,
» fait le sermon d'usage, et, par ses bienveil-
» lantes paroles, il satisfait ses nouveaux parois-
» siens, heureux de posséder comme curé celui
» qu'ils avaient pu apprécier déjà comme vicaire. »

Ici encore, de nouvelles difficultés ; ici encore l'action de la Providence.

Quand il fut élevé à la dignité de curé de la paroisse de Saint-Alpin, l'abbé de Chevigny n'avait ni argent, ni meubles, ni livres, ni provisions, et sa sœur ne pouvait faire la dépense de toutes ces choses.

Quelle n'est pas sa reconnaissance lorsqu'il apprend que, par son testament, son prédécesseur lui laisse tout ce qu'il possédait. Incapable de connaître l'égoïsme, il sait profiter de ces bienfaits avec l'ardeur et l'enthousiasme d'une âme qui ne cherche qu'une voie, celle du bien, qui poursuit un seul but : Dieu et le Ciel.

En 1730, il fait bâtir le presbytère actuel. Encore peu initié aux mille ennuis que suscitent de pareilles entreprises, il se trouve dans de cruels embarras, quand il fait la connaissance de M. Oudart, architecte habile et honnête. Ce dernier prend l'affaire en main, surveille les travaux, les achats de matériaux, et, après dix-huit mois, notre jeune curé peut entrer dans son presbytère et faire honneur à son marché.

La dépense montait à 8,000 francs. Il y contribue pour 4,000 ; la fabrique donne le reste.

Depuis longtemps, M. de Chevigny avait le désir de faire restaurer complètement la chapelle de la Sainte-Vierge, qui rappelait trop l'étable de Bethléem. Mais les ressources de la fabrique, ainsi que les siennes, épuisées par la construction de la maison curiale, le forcèrent de reculer de plusieurs années la réalisation de son projet.

En 1744, vient à mourir un respectable vieillard, M. Véron, ancien régisseur des biens de la famille de la Rochefoucauld. Il nomme M. de Chevigny son exécuteur testamentaire, lui laisse cent pistoles, et à la fabrique une somme assez importante.

Sur ces entrefaites, un artiste sculpteur de Paris, M. Jannelle, fait visite à M. le Curé au sujet de quelques affaires dont il est chargé, et dans lesquelles ce dernier peut lui rendre service. On ne tarde pas à parler du projet qui préoccupait alors. On voulait décorer richement la chapelle de la Sainte-Vierge et y mettre une belle statue en pierre.

Quelques jours après, M. Jannelle, pour reconnaître les services que M. le Curé lui avait rendus, lui procure gratuitement, venant de ses ateliers, la belle statue de la Vierge que nous voyons encore aujourd'hui, et au pied de laquelle se trouve gravé le nom de l'artiste. De plus, il lui envoie d'habiles sculpteurs, qui devront se charger des autres décorations. La dépense du tout, y compris l'autel, s'éleva à la somme de 2,000 fr.

Le pavé en marbre du sanctuaire, les deux grilles en fer, les banquettes des officiants, les grilles qui environnent le sanctuaire, avec leur taurus en marbre, l'achat des six pièces de tapisserie représentant l'histoire de Suzanne, le pavage du chœur, et tant d'autres choses que relatent les archives, et qui aujourd'hui sont détruites, sont autant de preuves du zèle et de l'activité que déploya M. de Chevigny. Des documents certains nous montrent aussi que c'est à lui que nous devons le rétablissement de la chapelle du Sépulcre, dite du Dieu de pitié, ainsi que l'embellissement des chapelles de Saint-Nicolas et de la Transfiguration. Toujours préoccupé de l'embellissement de son église, il n'était pas moins attentif au rôle principal d'un curé de paroisse, qui est de travailler à l'embellissement des âmes. Nous avons sous les yeux quelques-unes de ses instructions. Elles révèlent une foi vive et ardente qui enflamme les cœurs, une logique pressante qui détruit le doute, une charité douce et persuasive qui sait toucher les plus rebelles. Mais c'est surtout lorsqu'il parle de saint Alpin qu'il avait de ces accents qui devaient commander l'amour pour ce grand saint, qu'il avait lui-même en si haute vénération. Aussi, de peur que plus tard on ne vînt à négliger les cérémonies en usage de son temps pour le jour de la fête patronale, il a soin de les transcrire sur un registre, « priant » ses successeurs d'observer l'ordre établi. Cet » ordre, ajoute-t-il, plaît à MM. les paroissiens, » c'est un assez bon motif pour un curé. » Parole charmante, et qui, bien souvent, devrait tracer au curé la règle de sa conduite.

Ce règlement, nous le donnerons dans toute sa simplicité, persuadé qu'on lira avec plaisir ce qui se faisait alors pour fêter saint Alpin, naguère encore si vénéré dans la paroisse qui porte son nom. Puissent ces lignes, venues pour ainsi dire d'outre-tombe, rendre aux enfants quelques-uns des sentiments qui faisaient la joie de leurs pères.

CE QUI SE DOIT FAIRE POUR LA FÊTE

DE NOTRE PATRON SAINT ALPIN.

Les premières vêpres se diront la veille à deux heures ; les matines, le lendemain, à cinq heures et demie ; la procession avec la châsse à neuf heures ; ensuite la grand'messe.

Les secondes vêpres seront à deux heures, le sermon après ; le salut à cinq heures, et le Saint-Sacrement sera exposé toute la journée.

Il est probable que tous ces offices étaient très fréquentés par les paroissiens, car M. de Chevigny, dans une petite note, manifeste sa satisfaction. Nous la reproduisons :

« La fête de notre patron saint Alpin a été célébrée cette année, comme d'habitude, d'une » manière très-solennelle. Nous avions dix cha- » piers à la procession, et tous les sergents de la » bourgeoisie de la ville, en uniforme, au nombre » de vingt, avec tambours et fifres. Ils marchaient » avec ordre aux côtés de la châsse, et tous les » paroissiens suivaient avec piété et modestie. » Nous avons eu surtout un bon sermon par M. le » Curé de Saint-Germain-la-Ville, qui nous a » instruit comme aurait fait saint Alpin s'il » revenait au monde. »

ORDRE DES ENCENSEMENTS.

Après le maître-autel, on encense les deux châsses. On va encenser à l'autel de la Vierge : on donne trois coups au petit tabernacle et trois coups à la *figure* de la Sainte-Vierge. Aux autres chapelles, un coup à Saint-Sébastien, un à Saint-Nicolas et un à Sainte-Catherine. On va à la nef : trois coups au Crucifix ; si MM. les margilliersu sont à l'œuvre, on les encense, et ensuite on donne trois coups du côté du tombeau de saint Alpin, un au milieu et un de chaque côté. Puis on remonte au chœur ; aux chapiers, chacun deux coups. Ensuite, on encense, de la même place où on a encensé les maîtres d'école, les deux côtés du chœur où sont les messieurs, trois coups vers la grande grille et deux coups vers la petite porte du chœur, ce qui fait cinq coups pour chaque côté. Ensuite le célébrant va vers sa place et reçoit l'encens.

En ces temps de foi, on célébrait toujours la fête le jour où elle tombait indiquée sur le calendrier romain. L'idée n'était pas encore venue de la renvoyer irrévérentieusement au dimanche suivant. Néanmoins on ne célébrait point la fête de saint Alpin le vendredi ni le samedi, à cause du marché qui se tenait dans l'étendue de la paroisse. En vertu d'une ordonnance de Mgr de Noailles, que nous allons relater, la solennité en était remise au mardi suivant.

ORDONNANCE DE Mgr DE NOAILLES.

20 août 1715.

Gaston-Jean-Baptiste-Louis, par la permission divine, évêque-comte de Châlons, pair de France. Vu la requête à Nous présentée par les sieurs curé, marguilliers et paroissiens de la paroisse de Saint-Alpin, à Châlons, tendante à ce qu'attendu que la fête de saint Alpin, patron de ladite paroisse, marquée dans le calendrier de notre Diocèse au septième jour de septembre, tombant en la présente année le samedi, jour de marché ordinaire dans l'étendue de ladite paroisse, il se trouve plusieurs inconvénients qui empêchent que ladite fête puisse se célébrer avec la solennité, la piété et la dévotion requises, et que d'ailleurs ledit jour 7septembre étant le dernier jour plaidoiable avant les vacations, les magistrats, avocats et procureurs demeurant dans l'étendue de ladite paroisse se trouvent privés d'assister au service divin, pour remplir leur ministère, il nous plut transférer ladite fête de saint Alpin à un autre jour.

Nous avons ordonné et ordonnons que, pour la présente année, la fête de saint Alpin, qui arrive le 7 septembre, jour de marché, sera transférée, dans ladite paroisse de Saint-Alpin, au mardi dixième jour dudit mois de septembre; et, pour l'avenir, la même translation aura lieu pour les années où ladite fête de saint Alpin arrivera pareillement un jour de marché.

Donné à Châlons, en notre Palais épiscopal, le 20 août 1715.

Signé : GASTON-J.-B., *Evêque de Châlons.*

Par Monseigneur : HUOT.

C'est embrasé de ce zèle persévérant que l'abbé de Chevigny, pendant 35 ans, gouverna la paroisse de Saint-Alpin, c'est-à-dire jusqu'en 1763. Cette année-là, il put encore présider la cérémonie des premières communions, qui avait lieu tous les ans le second dimanche après Pâques, dimanche du Bon-Pasteur.

Mais bientôt, sa santé déjà chancelante l'obligea, bien malgré lui, à abandonner les occupations qu'il chérissait.

Et, quelques mois après, vers la fin de 1763, il rendait sa belle âme à Dieu, aimé et vénéré de tous ceux qui l'avaient connu, surtout de ses paroissiens, qui le pleurèrent comme on pleure un père.

Aucun monument, dans nos cimetières, ne nous révèle où repose sa dépouille mortelle. Nous avons pensé que ces quelques lignes, dédiées à sa mémoire, diraient mieux que la pierre ou le marbre ce que fut cet homme, qui ne cessa d'édifier par ses vertus ceux que Dieu lui avait confiés.

BIBLIOTHÈQUE NATIONALE R.F. IMPRIMÉS

Châlons, imp. T. Martin.

108

www.ingramcontent.com/pod-product-compliance
Ingram Content Group UK Ltd.
Pitfield, Milton Keynes, MK11 3LW, UK
UKHW020230180726
13838UKWH00005B/2309

9 782329 410708